Christian „Pokerbeats" Huber

7 Kilo in 3 Tagen

In Einfacher Sprache

Spaß am Lesen Verlag
www.einfachebuecher.de

Diese Ausgabe ist eine Bearbeitung von *7 Kilo in 3 Tagen*
von Christian „Pokerbeats“ Huber.
Lizenzausgabe mit Genehmigung des Rowohlt Verlags, Hamburg.

Text Originalfassung: Christian „Pokerbeats“ Huber
Bearbeitung in Einfacher Sprache: Sonja Markowski

ISBN 978-3-948856-02-1

Christian „Pokerbeats“ Huber

7 Kilo in 3 Tagen

In Einfacher Sprache

Schwierige Wörter oder Ausdrücke sind unterstrichen. Die Erklärungen stehen in der Wörterliste am Ende des Buches.

Inhalt

Die WhatsApp-Gruppe | 7
Weihnachts-Einkäufe | 9
Im Zug | 15
Kilo 1 und 2 | 19
Beim Hirschwirt | 23
Wo bin ich? | 30
Kilo 3 | 33
Baum schmücken | 38
Kilo 4 | 44
In der Kirche | 49
Weihnachten letztes Jahr | 55
Das Wiedersehen | 59
Die Bescherung | 63
Kilo 5 | 71
Kilo 6 | 78
Der Barbie-Film | 82
Kilo 7 | 87

Wörterliste | 95

Die WhatsApp-Gruppe

Es ist kurz vor Weihnachten.
Die besinnliche Zeit des Jahres.
Für mich beginnt sie, wenn meine Mutter
mir die berühmte Nachricht schreibt.
In der Familien-WhatsApp-Gruppe.
Dass ich ihr doch bitte sagen soll,
was ich mir wünsche.
Links zu meinen Wünschen auf Amazon.de bitte.
Das ist am einfachsten.

So läuft das jedes Jahr.
Und ein paar Tage später kommt dann
die nächste Mitteilung:
Dass da was nicht stimmt mit dem Internet.
Und dass sich jeder seine Geschenke
selber kaufen soll.

Nicht nur meine Eltern und ich
sind Teil der WhatsApp-Gruppe.
Auch Tante Anne, Onkel Wolfgang und Cousine Carla.
Und natürlich mein Bruder Niklas
mit seiner Freundin Fine.
Die beiden sind seit ungefähr
einem halben Jahr ein Paar.
Und seit ein paar Tagen ist Fine auch
in der WhatsApp-Gruppe.

Eigentlich muss ich sagen:
ist Fine WIEDER in der WhatsApp-Gruppe.
War sie nämlich schon mal.
Bis vor einem Jahr.
Damals hatten wir einen heftigen Streit.
Danach hat sie sich von mir getrennt.

Weihnachts-Einkäufe

Das Kaufhaus ist so überfüllt,
dass es zu dampfen scheint.
Ich schwitze.
Mein Gehirn kann gar nicht
alle Eindrücke verarbeiten.
Über die Lautsprecher tönt ein Weihnachtslied:
„Jingle Bells".

Eine Frau mit Kind stellt sich hinter mich.
Das Kind sitzt in einem Buggy. Marke Porsche.
Die Frau ist so eine Schicki-Mutter,
die bestimmt zu viel Prosecco trinkt.
Sie telefoniert laut.
Dabei rammt sie mir den Buggy in die Kniekehlen.
Im Takt von „Jingle Bells".

Ihr Kind schläft.
Flucht-Schlaf heißt das.
Es schläft, um sich
vor schlechten Einflüssen zu schützen.
„Warte mal bitte kurz", sagt die Frau ins Handy.
Ihr Gesicht ist jetzt ziemlich nah an meinem dran.
„Do you have a problem?"
Ob ich ein Problem habe?
Ich habe sie wohl zu lange angeschaut.
Hoffentlich zieht sie jetzt

kein Pfeffer-Spray aus der Tasche.
Mit Glitzer-Steinchen verziert.

„Möchten Sie vielleicht vor?“,
frage ich übertrieben freundlich.
Lieber höflich sein, als jemanden töten ...
„Klar“, sagt die Frau und schiebt sich an mir vorbei.
Dabei schubst sie eine alte Dame.
Dann gackert sie weiter ins Handy.
„Ach, hier ist nur so ein komischer Typ.
Der glotzt mich die ganze Zeit an.
Nein, Deutscher.“

Ich warte immer noch an der Kasse
und denke an die WhatsApp-Gruppe.
Da ist immer was los.
Ständig ist irgendwer im Urlaub und schickt Fotos.
Wie aus einem Katalog.
Noch besser sind die witzigen Sprüche oder Videos,
die meine Tante schickt.
Meist irgendwas,
was der Rest der Welt schon lange kennt.

Jemand räuspert sich ungeduldig.
Ich bin dran.
Ich möchte mit Karte zahlen.
Karte in den Schlitz. Falsch rum.
Ich werde nervös.

Nach dem dritten Versuch nimmt
der Verkäufer die Karte und schiebt sie in das Gerät.
Er schüttelt den Kopf.
Zum Glück weiß ich meine Geheimzahl.
„Frohe Weihnachten!", sagt der Verkäufer.
„Frohe Weihnachten!", antworte ich.

Ich schwimme durch den Menschen-Brei
nach draußen.
Es riecht nach gebrannten Mandeln.
Nach Glühwein und Bratwurst.
Jugendliche bewerfen Touristen mit Pommes.
Weihnachtslieder und Gespräche aus allen Ecken.

Dann erhalte ich eine Nachricht von meinem Vater.
Ein Paket ist angekommen.
Wahrscheinlich für meinen Bruder Niklas.
Von mir.
Er will wissen, ob meine Mutter
das Paket einpacken kann.
Nachdem sie die Rechnung
aus dem Karton genommen hat natürlich.

Jahrelang hatten mein Bruder und ich
uns nur Blödsinn geschenkt.
Letztes Jahr bekam ich von ihm plötzlich
was Ernstes: eine teure Flasche Whiskey.
Aus meinem Geburtsjahr. Der Arsch.

Fine hatte sich letztes Jahr
voll über mein Geschenk für Niklas aufgeregt.
„Kannst du nicht mal irgendwas ernst nehmen?“,
hatte sie gefragt.
„Für dich ist immer alles ein Witz, oder?
Das ist echt peinlich!
Werd mal erwachsen!
Dein Bruder kann das ja anscheinend auch.“
Daraus wurde ein Streit über die Arbeit,
die Wohnung, das Saubermachen ...

Noch eine Nachricht.
Von meinem Bruder.
„Schön, dass wir uns zu Weihnachten sehen.
Hast du ein Problem damit, dass Fine mitkommt?“

Fine und ich sind fast acht Jahre ein Paar gewesen.
Von Anfang 20 bis fast 30.
Die besten Jahre.
Studium, erste Jobs, Reisen.
Gemeinsame Wohnung am Rand von München.
Zelten auf Festivals, Sex in einer Umkleide-Kabine.
Wenig Geld, viel Zeit, viel Leben.

Dann kamen bessere Jobs, eine bessere Wohnung.
Mehr Arbeit, weniger Zeit, weniger zu zweit.
Ich wusste nicht, wohin es mit uns ging.
Heiraten oder die Beziehung beenden.

Wir haben uns oft gestritten.
Aber wir liebten uns.

Dann kam der Job in Berlin.
Eine tolle Chance für Fine.
So glücklich hatte ich sie lange nicht gesehen.
Der Betrieb wollte sie unbedingt haben.
Und ich? Ich hatte einen festen Job
als Grafiker in München. Halbtags.
Den konnte ich nicht einfach kündigen.

Eine Fern-Beziehung wollte Fine nicht.
„Kennst du irgendwen, bei dem das
funktioniert hat?“, fragte sie.
„Wir sind nicht irgendjemand“,
sagte ich damals.

Eigentlich hätte Fine damals sagen müssen:
„Bastian, wir packen das nicht mehr.
Das wissen wir beide.
Vielleicht ist das der Moment,
in dem wir uns trennen sollten.“
Aber das sagte sie nicht.

Ich hätte sagen können:
„Fine, ich liebe dich.
Aber dich macht das alles nicht froh.
Lass uns die Chance nutzen und uns trennen.

Es wird weh tun.
Aber es ist das Beste."

Aber das sagte ich nicht.
Acht Wochen später zogen wir
gemeinsam nach Berlin.

Im Zug

Mein Zug fährt in den Kölner Haupt-Bahnhof ein.
Pünktlich auf die Minute.
Die Türen öffnen sich mit einem Schnaufen.
Fahrgäste drängeln genervt in den Zug.
Sie sind wohl überrascht,
dass auch Leute aussteigen wollen.
Ich habe Zeit.
Schließlich habe ich einen Sitzplatz reserviert.
Sehr erwachsen.

Ich steige als Letzter ein.
Im Waggon drängeln sich alle.
Ich sehe nirgendwo einen freien Platz.
Auch auf dem Boden nicht.
Die Ersten legen sich oben in die Gepäck-Ablage.
Bestimmt kommt gleich ein Fernseh-Team,
um über die Zustände in den Zügen zu berichten.

Ich beobachte einen Mann,
der sich drei Döner gekauft hat.
Mit Knoblauch-Soße und extra Zwiebeln.
Er beißt in den ersten Döner.
Die Soße spritzt.
Dann reißt das Einpack-Papier.
Fleisch, Gemüse und Soße landen
auf Jacken und Beinen eines Paares.

Die Frau springt kreischend auf und rennt weg.
Ihr Mann ist ohnmächtig
mit dem Kopf nach vorne gesackt.
Gegen die Rücken-Lehne des Mannes vor ihm.
Jetzt hat der Döner-Mann einen Sitzplatz.
Und noch zweieinhalb Döner.
Schlau gemacht.

Trotzdem freue ich mich auf die Fahrt.
Im Zug kann man so schön nachdenken.
Langsam hat jeder Fahrgast seinen Platz
oder seine Ecke gefunden.
Sogar das Internet funktioniert, freut sich einer.
Alles ist gut. Fast.
Auf meinem Platz sitzt schon jemand.
Entspannt bleiben.
Das wird sich klären.

„Entschuldigen Sie, das ist mein ..."
Die alte Dame zuckt zusammen.
„Oh, junger Mann", sagt sie.
„Ich bitte um Verzeihung.
Ich habe schon gedacht,
dass ich kein Glück haben werde.
Wissen Sie, das Reservieren hat mein Eberhart
immer gemacht.
Morgens hat er auch immer die Stullen
für unterwegs geschmiert.

Für den Speisewagen hatten wir nie genug Rente.
Nur einen Sitzplatz haben wir uns immer geleistet.
Für mich war immer der Fensterplatz.
Damit ich was von der Welt sehe,
hat mein Eberhart gesagt.
Es ist nicht leicht ohne ihn.“

Ich muss schlucken.
Die Dame ist hübsch angezogen.
„Acht Wochen ist es her“, erzählt sie weiter.
„Mein Eberhart ist einfach nicht mehr aufgewacht.“
Ich sage leise: „Beileid.“

„71 Jahre waren wir verheiratet.
Sein Geruch hängt immer noch in den Kissen.
Ach, ich gehe Ihnen bestimmt auf die Nerven.
Ich rede und rede.“

Die Frau neben der alten Dame
nimmt den Kopfhörer ab.
„Gibt es ein Problem?“
„Nein, nein“, erwidert die alte Dame.
„Der junge Herr hier möchte
seinen Sitzplatz haben. Völlig zu Recht.
Ich habe eben kein Glück.
Hatte ich Ihnen vorhin ja schon erzählt.“
Die Frau mit dem Kopfhörer guckt mich an.
Wenn Blicke töten könnten …

„Eine alte Dame verscheuchen?“, fragt sie.
„Kommen Sie sich jetzt stark vor?
Ich zahle Ihnen das Geld für den Sitzplatz!“

„Der Herr hat schon recht“, sagt die alte Dame.
„Sieben Stunden wird schon gehen.
Kann mir jemand meine Krücke
von der Ablage geben?“
„AUFHÖREN, BITTE!“, schreie ich.
„Sie kann den Platz haben!“
Um mich herum zufriedenes Nicken.
„Ja, wenn Sie darauf bestehen …“,
antwortet die alte Dame bescheiden.

Ich laufe weiter.
Vielleicht klappt es im Speisewagen.
Doch ich komme nicht weiter und drehe wieder um.
Die alte Dame telefoniert.
„Ja, haha. Hat alles geklappt. Ich sitze.
Ohne Reservierung.
Kennst mich doch.
Die Geschichte vom Eberhart
funktioniert immer gut.“

Für die Rückfahrt muss ich mir was überlegen.
Drei Döner oder einen toten Ehemann.

Kilo 1 und 2

Mein Vater steht wie immer
auf dem Parkplatz hinter Gleis 5.
Er stellt meinen Koffer in den Kofferraum.
Dann teilt er meiner Mutter übers Handy mit,
dass wir in neun Minuten da sind.
Wegen der Rouladen.

Es schneit.
Die Schneeflocken tanzen
im Licht der Straßen-Laternen.
Mein Vater hat einen weichen Ring
aus Kunstfell übers Lenkrad gezogen.
Passend zur Jahreszeit.
Der Ring sieht aus
wie ein aufgeschlitztes Kuscheltier.

Ich kenne jede Ecke von Schwarzendorf.
Dort hat ein Schulfreund gewohnt.
Da stand früher der Döner-Imbiss.
Kerzen leuchten in den Fenstern
der Reihenhäuser.

Überall in der Stadt hängen Plakate:
für Weihnachts-Märkte, Konzerte
und die jährliche Erotik-Messe.
Die wird immer am besten besucht.

„Schön, dass du da bist“,
sagt mein Vater zum zwölften Mal.
„Wir dachten, dass du vielleicht nicht kommst.
Wegen deinem Bruder und Fine.“

„Quatsch“, antworte ich.
„Wir sind doch alle erwachsen.“
Das klingt auch echt erwachsen.
Ich glaube mir beinahe selbst.
„War schon komisch, als Niklas mit Fine
zu uns kam“, sagt mein Vater.
„Aber deine Mutter hat sich auch sehr gefreut.
Die mochte Fine ja schon immer.“

„Das wird schon morgen“, antworte ich.
„Läuft alles so wie immer?“
Mein Vater nickt.
„Ja, genau wie immer:
Heute Rouladen.
Morgen Frühstück und Mittagessen bei uns.
Dann Bescherung, Würstchen, Kartoffelsalat, Kraut.
Am ersten Feiertag Mittagessen und Kaffeetrinken
bei Tante Anne und Onkel Wolfgang.
Abends sind wir dann wieder bei uns.
Und Dienstag fährst du zurück, oder?“

„Ja“, sage ich. „Wäre super, wenn du mich
um halb zwei zum Bahnhof bringen kannst.“

Meine Mutter steht in der Haustür.
Sie winkt wie ein Verkehrs-Polizist auf Speed.
Es riecht nach Zwiebeln, Speck und Sahnesoße.
Meine Mutter drückt mich so fest an sich,
dass meine Wirbel knacken.
„Hast du einen ordentlichen Hunger mitgebracht?“,
will sie gleich wissen.
„Ich habe Kekse.
Vier Schüsseln von jeder Sorte.
Ach, die Semmelknödel …“
Und schon ist sie weg.

Mein Vater schiebt mir ein Paar Hausschuhe hin.
Drei, zwei, eins …
„So. Jetzt kannst du endlich
in meine Fußstapfen treten“, sagt mein Vater.
Derselbe Witz wie jedes Jahr.

In meinem alten Zimmer steht viel Gerümpel.
Zeitschriften, verstaubte Geräte.
Dazwischen eine Matratze mit Turtles-Bettwäsche.
Auf dem Schreibtisch steht
ein hübsch eingepacktes Paket.
Mein Geschenk für Niklas.
Zum Glück brauchte ich das
nicht selber zu machen.
Bei mir sieht ein Geschenk eher aus
wie eine Beleidigung.

Eine Nachricht auf meinem Handy.
Stefan.
Ich kenne ihn noch aus der Schule.
Damals hat er mal in den Weihnachtsbaum gekotzt.
„Später ein Bier trinken, wie jedes Jahr?“, fragt er.
„Erst noch Rouladen und Knödel essen“,
antworte ich. „Dann komme ich rum.“

Letztes Jahr hatte ich dasselbe geschrieben.
Nur in der Wir-Form.
Allerdings waren Fine und ich
vorm Fernseher eingeschlafen.

„Essen!“, ruft meine Mutter.
Ich setze mich auf meinen festen Platz.
Die Tischplatte biegt sich
unter all den Schüsseln und Töpfen.
Ich frage mich,
wann die anderen 70 Gäste kommen.

„Kann ich was helfen?“, frage ich.
„Nein!“, antworten meine Eltern.
Glück gehabt. Eigentlich mit allem.

Beim Hirschwirt

Ich laufe an der Drogerie vorbei.
Das Schaufenster ist gesprungen.
An der Tür der Metzgerei hängt ein Schild:
Über die Feiertage geschlossen.
Der Hirschwirt ist ein typisch bayerisches Gasthaus.
Mit den anderen Restaurants
ist immer irgendwas los.
Neuer Besitzer, schlechteres Essen.
Der Hirschwirt aber macht
die drei wichtigsten Dinge richtig:
Große Portionen, große Portionen, große Portionen.

Am Heiligabend kommt man hier zusammen.
Die Leute, die woanders wohnen
und nur zu Weihnachten da sind.
Und die Leute, die hier immer noch wohnen.
„Bastian Kollinger!“, ruft Stefan.
„Endlich mal jemand,
den ich früher schon nicht sehen wollte!“

Er stößt seinen Ellenbogen
in meine Rippen und grinst.
Stefan hat rote Haare und Sommer-Sprossen.
So richtig erwachsen sieht er nicht aus.
„Ist das echt zwei Jahre her?“, frage ich.
„Letztes Jahr hattest du dich überfressen“, sagt er.

„Als ich Geburtstag hatte, musstest du arbeiten.
Und im Herbst bist du umgezogen. Und …“

„Schon gut. Ich zahle die erste Runde“,
antworte ich.

Drinnen ist es noch recht leer.
Ein paar Jugendliche, die sich heimlich
mitgebrachten Alkohol eingießen.
Zwei Typen, die aussehen wie Autohändler.
Das Bier aus der Dorf-Brauerei schmeckt wunderbar.
Ich streichle die Flasche.
„War es schwer für dich, aus Berlin wegzugehen?“,
fragt Stefan.

„Ja und nein“, antworte ich.
„Wir … also ich war da ja schon eine Weile.
In Köln gibt es keine Spätis.
Schon so was Ähnliches.
Aber eben nicht das Gleiche.
Und die Bürgersteige sind so schmal.
Dafür ist Köln irgendwie ehrlicher.
Eine Stadt, in der man bleiben will.
Und mein Job ist super.
32 Stunden in der Woche.
Ich sitze zwar wieder im Büro.
Aber die zahlen mir die Krankenkasse.
Und wie ist es bei dir in Nürnberg?“

Stefan guckt mich komisch an.
„Da wohne ich schon seit zwei Jahren nicht mehr“, sagt Stefan. „Ich wohne jetzt in Passau.“
Erster Fehltritt.

„Oh, ach ja. Stimmt ja“, antworte ich.
„Du bist wegen der neuen Schule umgezogen, richtig.“
Wieder guckt Stefan mich irritiert an.
„Na ja. Ich bin eigentlich mit Carmen zusammengezogen.“
Zweiter Fehltritt.
Stefan hatte mich sogar zur Einweihung eingeladen, erinnere ich mich.

„Ist es schön in Passau?
Hast du es denn weit zu deiner neuen Schule?“, frage ich.
Stefan guckt noch genervter.
„Von welcher Schule redest du die ganze Zeit?
Den ganzen Lehrer-Kram mache ich doch nicht mehr.
Ich. Hasse. Kinder.
Ich arbeite jetzt im Vertrieb.
Bei einer IT-Firma. Weißt du doch?!“

Stefan geht pinkeln.
Ich schaue auf mein Handy.

Im letzten Jahr haben Stefan und ich
uns 16 Nachrichten geschrieben:
Über die Trennung von Fine.
Über Fußball.
Geburtstag.
Passau.
Geburtstag vergessen.
Sorry.
Foto mit seiner Freundin im neuen Garten.
Eine betrunkene Sprachnachricht von mir.
Stefans Frage, ob er mir beim Umzug helfen soll.
Wie es mir geht.

„Kolli? Bist du das? Hey! Ha! Na?"
Eine schlanke Frau zupft mich am Ärmel.
Sie ist etwas jünger als ich.
Dann umarmt sie mich quietschend.
Enge Jeans, blonde Haare im Zopf. Brille.
Sie setzt sich auf den Barhocker neben mich.

Ich gucke wie ein Reh,
das durch Scheinwerfer geblendet wird.
Mir fällt ihr Name nicht ein.
Und woher wir uns kennen,
weiß ich auch nicht mehr.
Die Frau zieht eine Augenbraue hoch.
„Sag nicht, dass du mich nicht mehr kennst.
Kolli!"

Jetzt fühle ich mich wie ein Reh auf der Autobahn.
Mit fünf Spuren.
Okay. Kolli haben sie mich nur
in der Schule genannt.
Damit fallen eine Menge Frauen weg.
„Klar weiß ich, wer du bist!“, antworte ich.
Ich gucke so cool wie möglich.
„Ich bin nur überrascht, dich zu sehen.
Mit wem bist du denn da?“

„Ich war essen mit ein paar Mädels aus der Schule.
Silke wollte auch noch kommen.
Mit der hast du Abi gemacht, oder?“, erwidert sie.

Okay, sie heißt also nicht Silke.
Und sie war nicht in meinem Jahrgang.
Vielleicht aus der Volleyball-Mannschaft.
Ja! Die Schüler-Sprecherin!
Ja, ja, ja! Aber wie heißt sie?
Ina? Sabrina? Christina?
Ihr Name reimt sich auf „China“.
Da bin ich mir sicher.

Wir reden ein bisschen über Volleyball.
Sie berührt mich kurz mit den Fingern am Arm.
War das Absicht? War das Flirten?
„Nicht viel los heute“, sagt Mina-Bina-Tina.
„Wohnt ja jeder in einem anderen Eck.“

„Ja“, antworte ich.
„Es ist weniger los als in den anderen Jahren.
Ich kenne auch niemanden mehr.“

„Früher ist man hier kaum durchgekommen.
Aber ist ja durchaus gut, dass es jetzt anders ist“,
sagt Brina-Gina.
Sie zwinkert und trinkt ihr Glas leer.
Das war doch schon wieder Flirten!

„Wir sind keine Facebook-Freunde, oder?“, fragt sie.
„Glaube nicht“, antworte ich.
Wie soll ich sie auch finden?
Soll ich suchen nach „Nicht-Steffi“?
Oder „reimt sich auf China“?

Wir reden über Leute von früher,
die schon Haus und Kind besitzen.
„Übrigens“, sage ich.
„Von den Ehepaaren,
die sich später scheiden lassen ...“
Sie guckt mich zweifelnd und belustigt an.
„... hatten 66 Prozent über 50 Likes
auf ihr Hochzeitsbild.
Wusstest du das?“

Ich liebe es, solche Statistiken zu erfinden.
Das macht mich irgendwie ruhig.

„Wodka?“, fragt sie und zieht wieder
eine Augenbraue hoch.
Und wieder ihre Finger an meinem Arm.
Dieses Mal länger.
„Korn ist gesünder“, antworte ich.
„Okay, den nächsten zahle ich“, lacht sie.
Den übernächsten auch.
Die beiden danach zahle dann ich.
Und dann wieder sie.

Am Ende des Abends bin ich mir fast sicher,
dass sie Ina heißt.
Zu 87 Prozent.

Wo bin ich?

Am nächsten Morgen weiß ich nicht genau,
wo ich bin.
Das Gefühl hatte ich schon lange nicht mehr.
Das letzte Mal war in Berlin.
Die erste Nacht in der neuen Wohnung.
Fine und ich.
Wir hatten uns auf den Umzug gefreut.
Diese Vorfreude hatte uns gut getan.
Wir lachten wieder über dieselben Dinge.
Wir gingen zusammen aus.
Wir schliefen wieder miteinander.

Wir hatten eine schöne Wohnung gefunden.
Fast zu schön.
100 Quadratmeter. Ganz oben. Stuckdecken.
Dachterrasse. Tolle Aussicht.
Ich hatte meinen Job in München gekündigt.
In Berlin wollte ich selbstständig weitermachen.
Als Grafiker.
Ich hatte sogar schon den ersten Auftrag.

Am ersten Abend in Berlin hatten wir Streit.
Wir hatten beide Hunger.
Fine wollte Sushi.
Ich wollte nicht so viel Geld ausgeben.
Außerdem hatten wir noch ganz viele Brote.

„Ich lade dich ein“, sagte Fine.
Ich antwortete:
„Nur weil ich jetzt nicht so viel verdiene,
brauchst du mich nicht einzuladen!“

Fine stand plötzlich auf.
Mit einem Ohr horchte sie
an der Wand vom Schlafzimmer.
„Hörst du das?“ fragte sie.
Ja, da war ein Wummern. Musik.
Aber so schlimm nun auch wieder nicht.
Fine rastete aus.
„Nee, dich nervt das nicht!“, rief sie.
„Ich muss morgen arbeiten. Du nicht!“

Fine wurde immer unruhiger.
Sie wollte sich sofort beim Vermieter beschweren.
Schnaubend zog sie sich die Schuhe an.
„Ich will das blöde Sushi nicht mehr!“, rief sie.
Dabei war ich gerade mit der Bestellung fertig.
Dann stürmte Fine aus der Wohnung.

Die Musik kam aus dem Nebenhaus.
Als unser Sushi geliefert wurde, war die Musik aus.
Das Essen schmeckte uns dann doch noch.
Fine ging schlafen.
Ich schloss noch den Fernseher an.
Danach schlief ich auf der Couch ein.

Am nächsten Morgen wusste ich
erst mal nicht, wo ich war.
Ich hatte gerade noch Zeit,
zu Fine ins Bett zu schlüpfen.
Kurz danach klingelte ihr Wecker.

Mein Handy vibriert.
Ich schrecke auf und stoße mir den Kopf
am Heimtrainer.
Drei WhatsApp-Nachrichten.
Alle von derselben Nummer.
Du kennst echt viele Namen,
die sich auf ‚China' reimen.
Wahnsinn.
Karina wäre übrigens richtig gewesen.

Kilo 3

Weihnachten.
Das ist drei Tage unbequem schlafen.
Viel Alkohol trinken.
Laute Menschen.
Eine schwierige Toiletten-Situation.
Heute ist Heiligabend. 9:43 Uhr.
Ich spüre noch den Alkohol im Blut.
Alles im Raum dreht sich.
Meine Kehle ist rau und trocken.

An die letzte Stunde im Gasthaus
kann ich mich nicht erinnern.
An den Heimweg auch nicht.
Zum Glück habe ich mir selber
zwei Nachrichten geschickt:
Du gehst jetzt ins Bett.
Und: *Kaum was Schlimmes passiert.*
Kein Grund zur Beunruhigung.
Wie rührend.
Betrunkener Basti kümmert sich
um nüchternen Basti.

Ich stehe schwankend auf.
Im Flur ist nichts zu hören.
Ich husche zum Bad und klopfe.
Keine Reaktion.

Dann öffne ich die Tür einen Spalt.
Ich bin bereit, auf einen „Besetzt!“-Schrei
zu reagieren.
Mit Anfang 30 das Bad der Eltern betreten …
das ist wie mit zwölf einen Gruselfilm gucken.
Und dann warten auf eine schlimme Szene.
Doch das Bad ist frei.

Das Duschen tut mir gut.
Leider liegen mein Handtuch
und meine Boxer-Shorts noch in meinem Zimmer.
Ich schaue den Badvorleger an.
Die Oma meiner Mutter hat ihn gehäkelt.
Damals, vor dem Krieg.
Auf dem Vorleger wurden
Kinder gezeugt und geboren.

Unsere Katze war auf dem Ding gestorben.
Meine Mutter hat sie erst
drei Tage später gefunden.
Als sie aus dem Urlaub zurückkamen.
Aber in den Müll werfen … nee!
Wer mit nackten Füßen auf dem Vorleger steht,
muss alle Impfungen haben.

Daran darf ich jetzt nicht denken.
„Alles nicht so schlimm“, sage ich mir.
Dann nehme ich das Teil und trockne mich ab.

Klar, ich hätte mich auch mit meinem Schlafanzug abtrocknen können.
Aber der Gedanke kommt mir erst später.
Immerhin habe ich keinen Ausschlag bekommen.
Also, bis jetzt noch nicht.

Zehn Minuten später sitze ich am Frühstückstisch.
Haben meine Eltern eine Bäckerei eröffnet?
So viel isst eine Familie in einem ganzen Monat!

In der Mitte des Tisches steht der Adventskranz.
Eine der Kerzen ist fast runtergebrannt.
Die ersten Nadeln rollen sich ein. Von der Hitze.
Den Kranz bringt Tante Anne jedes Jahr.
Sie wäre furchtbar beleidigt,
wenn wir ihn nicht benutzen.
Zum Glück haben meine Eltern Feuerlöscher.
Und Brandmelder.

„Na, Basti? Hattest du Spaß gestern?“,
fragt meine Mutter.
„Ich hoffe, du hast nicht zu viel getrunken?“
Was ist bitte „viel“, Mama?
„Nee“, antworte ich. „Ich wollte ja heute fit sein.“
Was ist bitte „fit“, Bastian?
„Nicht, dass du eine Fahne hast“, sagt mein Vater.
„Aber atme mal lieber ein bisschen weg
von den Kerzen.“

„Lass den Jungen“, sagt meine Mutter.
„Wer hilft mir denn,
den Baum zu schmücken?“

Mein Vater räuspert sich und liest die Zeitung.
Ich beiße in mein Salamibrot.
Nichts hasse ich mehr als Baumschmücken.
Die zerbrechlichen Christbaum-Kugeln.
Und dann diese Schlaufen,
die man über die Zweige schieben muss.
Und dieses Jahr kann mich Fine
nicht unterstützen.
Obwohl es letztes Jahr auch nicht
so richtig entspannt war.

„Weißt du, wer gestorben ist?“,
fragt meine Mutter.
Sie kneift die Augen zusammen
und tippt auf die Zeitung.
„Der Michael Rothauscher!
Vom Rothauscher-Hof. Motorrad-Unfall.
Kanntest du den?“

Meine Mutter fragt regelmäßig,
ob ich irgendwelche Verstorbenen kenne.
Jedes Mal kommt mir der Name nicht bekannt vor.
„Nein“, antworte ich.
„Gekannt habe ich ihn nicht.“

„Hm, ich dachte“, erwidert meine Mutter.
„Wer hilft mir denn jetzt mit dem Baum?“

Mein Vater faltet die Zeitung zusammen.
Er trinkt seinen Kaffee aus und lässt
die flache Hand auf den Tisch fallen.
„Na, dann mal los!“, sagt er.
„Aber nur, wenn es Schoko-Kugeln gibt.“

Baum schmücken

„Du musst weiter nach links“, sagt meine Mutter.
Mein Vater hält den Stamm der Tanne fest.
Er versucht, das Ende von der Tanne
in den Ständer zu kriegen.
„Bin ich drin?“, fragt er angestrengt.
„Nach links, hab ich gesagt“, erwidert meine Mutter.
Sie meint das andere Links.

Meine Mutter massiert sich die Schläfen.
Das Hemd meines Vaters bekommt
immer mehr Schweiß-Flecken.
Ein Fleck sieht aus wie ein Weihnachtsmann,
der sich erhängt hat.

Ich muss kichern.
Meine Mutter guckt mich vorwurfsvoll an.
„Basti, hilf dem Papa!“
Ich gebe dem Baum einen Tritt mit dem Fuß.
Der Stamm landet im Ständer.
„Geht doch“, sagt meine Mutter.

Ich betrachte den Baum.
„Hast du gut ausgesucht, Papa“, sage ich.
„Obenrum könnte er ein bisschen mehr haben, oder?
Dafür ist er in der Mitte recht breit.“
Meine Mutter gluckst.

„Wie dein Papa."
Sie gibt ihm einen Kuss
und kneift in seinen Bauch.

Dann stellt sich raus, dass Maria weg ist.
Auch der Hirte fehlt.
Mein Vater sitzt auf der Couch
und isst Schoko-Kugeln.
„Maria ist mit dem Hirten weggelaufen", sagt er.
„Vielleicht ist sie schwanger von ihm.
Vermutlich wusste sie schon beim ersten Kind
nicht sicher, wer der Vater ist."
„Von Caspar jedenfalls nicht", antworte ich.
„Jesus ist weiß."

Meine Mutter fährt dazwischen.
„Ihr seid unmöglich!"
Sie schickt mich auf den Dachboden,
um die Figuren zu suchen.
Dort ist es kalt und stickig.
Als Kind habe ich mich
auf dem Dachboden gefürchtet.
Mein Bruder hatte mir immer
gruselige Geschichten erzählt.
Über einarmige Trolle.
Und Killer-Würmer.
Das Holz knarrt.
Spinnweben streichen über mein Gesicht.

Hier liegen alte Kleidung, hässliche Gläser,
eine Sammlung Bierdeckel.
Mindestens 700 alte Ladegeräte für Handys.
Berge von Spielzeug.
Dahinter entdecke ich den Hirten.

Dann sehe ich die Fotoalben.
„1994“, steht da in krakeliger Schrift.
Fotos vom Urlaub in Italien.
Unser altes Auto.
Koffer, Kisten, Kühlboxen.
Auf der Rückbank ein fast zehnjähriger Niklas.
Und ich, gerade acht geworden.
Wir beide in kurzen Hosen und T-Shirts.
Schokoladen-Kekse, verschmierte Münder.
Wir grinsen.

Eigentlich sieht Niklas immer noch aus wie früher.
Dünn, leichte Grübchen und funkelnd blaue Augen.
Immer ein Lächeln, das einen einnimmt.
Und zugleich unsicher macht.
Seit einem Jahr hat er
eine eigene Praxis als Kinderarzt.
Seitdem bekommt er die ersten grauen Haare.

Auf einem Foto sind wir zusammen am Strand:
Mein Bruder spielt mit unseren Action-Figuren:
Skeletor hat die schöne She-Ra entführt.

Und sie eingebuddelt bis zum Kopf.
He-Man muss sie retten.

Ich weiß es noch genau.
Am Tag der Abreise konnte ich She-Ra nicht finden.
Wir fuhren die Nacht durch.
Zu Hause schlief ich bis zum Mittagessen.
Dort streckte mir mein Vater She-Ra entgegen.
„Hier, sie ist wieder da!"
„Hab ich gefunden", hatte Niklas leise gesagt.
Irgendwas stimmte nicht, spürte ich damals.

Ein paar Tage später bekamen wir
die Fotos vom Urlaub.
Da sah ich She-Ra.
Eingebuddelt im Sand.
Ich wusste, dass meine Eltern und Niklas
mich angelogen hatten.
Niklas hatte meinen Eltern gebeichtet,
dass er She-Ra eingebuddelt hatte.
Und dass er sie vergessen hatte.
Zu Hause musste er mir gleich eine neue kaufen.
Von seinem Taschengeld.

Ich schicke Niklas eine Nachricht
in der Familien-WhatsApp-Gruppe.
„Weißt du, wo Maria ist?
Irgendwo eingegraben vielleicht?"

Ich schicke ein Herzchen hinterher.
Soll ja nicht zu gemein rüberkommen.
Niemand im Chat antwortet.
Ich sehe kurz, dass Fine was tippt.
Aber sie schickt nichts ab.

Dann kommt ein Wut-Smiley von Niklas.
Und danach auch ein Herzchen.
Ich gehe wieder runter
und stelle den Hirten zu seinen Schafen.
Die erste Kugel liegt kaputt auf dem Boden.
Mein Vater fegt die Reste zusammen.
„Nächstes Jahr nur solche, die man essen kann!“,
sagt mein Vater.

„Schade, dass die heilige Maria weg ist“,
sagt meine Mutter.
Sie schaut nur halb glücklich auf den Baum.
Dann fällt ihr plötzlich was ein.
„Wartet mal kurz!“
Sie huscht aus dem Zimmer.

Sie rennt die Treppe rauf, zum Dachboden.
Nach ein paar Minuten ist sie wieder da.
Sie hockt sich vor die Krippe.
„Wenn man den Mantel über den Kopf zieht …
Schwert aus der Hand …
eigentlich merkt man keinen Unterschied, oder?“

Mein Vater lacht.
„Na, Josef ist es wohl egal.
So wie der grinst!“
Auch das Jesuskind lächelt selig.

Alle freuen sich über die neue Maria:
Die She-Ra-Figur, die Niklas
vor mehr als 20 Jahren für mich gekauft hat.

Kilo 4

Zum Mittag hatte es „was Leichtes“ gegeben.
Maultaschen mit Apfel-Kompott.
Bestreut mit Zimt.
Übergossen mit Vanillesoße.
Zum Nachtisch: Mandel-Splitter.
Dunkle, helle und welche mit weißer Schokolade.

„Wie machst du das eigentlich, Bastian?
Nur vier Tage die Woche arbeiten?“,
will mein Vater wissen.
„Was machst du denn an deinem freien Tag?“
„Wie meinst du?“, frage ich.
„Meistens nichts. Ausspannen.“

Für meine Eltern stand Arbeit immer
an erster Stelle.
Wenn man nichts tut,
verschwendet man seine Zeit.

Dasselbe gilt fürs Kranksein.
Nicht zur Schule gehen, wenn man krank ist?
Erst ab 44 Grad Fieber!
Bei einem Hirntumor hätten sie gesagt:
„Versuch es trotzdem.
Wenn es echt nicht geht,
kannst du immer noch nach Hause.“

Mein Vater kratzt sich am Kopf.
„Tja, Bastian.
So zahlst du weniger in die Rentenkasse.
Dann hast du später weniger als die Leute,
die fünf Tage arbeiten.
So entsteht Armut."

Auch ich kratze mich am Kopf.
Das soll jetzt kein Streit werden.
„Ich denke, dass ich später viel erbe", sage ich.
Mein Vater guckt genervt.
Toller Spruch, Bastian.

„Ich habe lieber jetzt Zeit, um mein Geld
auszugeben", erkläre ich.
„Sonst liegt es nur auf dem Konto rum,
bis ich Mitte 60 bin.
Und wenn ich gar nicht so alt werde,
habe ich eh nichts davon."
„Na, dann hoffe ich für dich,
dass du nicht so alt wirst", sagt mein Vater.
Besserer Witz, Papa.

Wir hören ein lautes Gähnen.
„Ich glaube, Mama ist wach", sage ich.
Obwohl das etwas übertrieben ist.
Wirklich wach ist sie nie nach einem Mittagsschlaf.
Sie ist dann eher wie ein Goldfisch,

der in Wodka schwimmt.
Irgendwas klirrt.
„Brigitte?“, ruft mein Vater.
Meine Mutter hat ein Glas vom Tisch gefegt.
Sie sitzt da, als hätte jemand auf „Pause“ gedrückt.

Mein Vater fegt die Scherben auf.
Er kennt das schon.
„Möchtest du Kaffee?“, fragt er meine Mutter.
Beim Wort „Kaffee“ öffnet meine Mutter die Augen.
Nur einen Spalt.
„Basti macht dir jetzt mal einen Kaffee“,
sagt mein Vater. „Schön stark.“

„Kaffee“, sagt meine Mutter heiser.
Sie klingt wie ein Urmensch,
der sein erstes Wort sagt.
In der Küche drücke ich
auf die Tasten der Kaffee-Maschine.
Meine Mutter riecht den Kaffee
und stolpert hinterher.

„Ich habe gar nicht richtig geschlafen“, nuschelt sie.
„Wir haben fast die Maschinen abgestellt, Mama“,
sage ich.
„Gut, dass du nicht auf das Licht zugegangen bist.“
„Möchte jemand Kuchen,
bevor wir in die Kirche gehen?“, fragt sie.

„Ich möchte gerne Kuchen, bevor ich NICHT
in die Kirche gehe“, antworte ich.
Die Augen meiner Mutter öffnen sich immer weiter.

Mein Vater streitet sich mit der Kaffee-Maschine:
„Warum kann ich keine Milch aufschäumen?
Tut sich nichts!“

„Hast du schon mal ausgeschaltet und dann
wieder eingeschaltet?“, fragt meine Mutter.
Meine Mutter glaubt, dass das immer hilft.
Oder man muss irgendwo reinpusten.
„Dann trink den Kaffee eben ohne Milch“,
sagt meine Mutter.

Zwischen den Mahlzeiten bekommen wir
immer Snacks und Kuchen.
Jetzt gibt es Schoko-Torte.
Mit Glasur so dick wie mein Daumen.
Nach der ersten Gabel spüre ich
eine wohlige Wärme.

Mein Vater versucht noch immer,
die Kaffee-Maschine zu reparieren.
Es gurgelt, klickt und zischt.
„Eine Frechheit, bei dem Preis“, meckert mein Vater.
„Lass uns nach den Feiertagen
den Kundendienst anrufen“, sagt meine Mutter.

In 30 Minuten müssen sie zur Kirche.
Mein Vater fängt an zu reparieren.
Er nimmt das ganze Ding auseinander.
Jedes Teil spült er ab.
Dann müssen sie los.
„Bastian“, sagt meine Mutter.
„Wenn du nicht mitkommst,
kannst du das doch wieder zusammensetzen?“
„Ach, ich komme doch lieber mit“, erwidere ich.

„Im Keller steht noch eine Filter-Maschine“,
sagt meine Mutter.
Wir freuen uns schon
auf eine heiße Tasse Filter-Kaffee.
Nachher, wenn wir zurück sind.
Gar nicht so verkehrt,
ab und zu an die Zukunft zu denken.

In der Kirche

In Schwarzendorf gibt es drei Kirchen.
In der Herz-Jesu-Kirche haben meine Eltern geheiratet.
Mein Bruder und ich wurden dort getauft.
Und jedes Jahr zu Weihnachten
gibt es dort ein Krippen-Spiel.
Ich war schon lange nicht mehr in der Kirche.
Das letzte Mal war wohl
bei der Beerdigung meiner Oma.

Der Parkplatz ist voll.
Überall sind matschige Spuren von Reifen.
Familien mit Regenschirmen flüchten in die Kirche.
Wir sind spät dran.
Die Glocken läuten.
Schon aus dem Auto hören wir die Orgelmusik.

Mein Vater parkt direkt
an der Stoßstange eines anderen Autos.
„Ist vom Pfarrer", sagt er.
„Der muss bestimmt nicht vor uns weg."
Der Chor steht neben der Orgel.
Kerzen flackern.
Langsam hören die Glocken auf zu schlagen.
Alle Plätze sind besetzt.
Auch die Stehplätze.

Meine Eltern tauchen die Finger ins Weihwasser
und bekreuzigen sich.
Ich verschränke die Arme.
Ich glaube nicht, dass Maria
einfach so ein Baby bekommen hat.
Ohne dass sie mit einem Mann geschlafen hat.
Aber ich glaube schon,
dass dreckiges Weihwasser krank machen kann.
Da müsste mal jemand Chlor reinstreuen.

In der vorletzten Reihe herrscht Unruhe.
Ein kleiner Junge ist wohl ohnmächtig geworden.
Die Eltern tragen ihn raus. Frische Luft.
So was ist bisher jedes Jahr passiert.
Vielleicht liegt es am Weihrauch.

Dadurch sind drei Plätze frei geworden.
Wir setzen uns neben ein altes Ehepaar.
Ihr Enkelsohn ist ungefähr 14.
Er hat so richtig schlechte Laune.
„Wie komme ich hier ins Internet?",
fragt er mich zischend.
Ich ziehe mein Handy aus der Tasche.
Die Netzwerke in der Umgebung sind alle geschützt:
Pfarrhaus, Herz-Jesu-Hotspot, Friedhof ...
Wer bitte findet Internet wichtig,
wenn er sich ein Grab aussucht?
Ich zucke mit den Schultern.

Dann geht es los.
Der Pfarrer ist in schimmernde Seide gekleidet.
140 Kilo.
Seine paar Haare hat er über die Glatze gekämmt.
Sie glänzen wie Butter.
Er redet über Bescheidenheit
und den Hunger in der Welt.

Dann kommt das Krippen-Spiel der Kinder.
Die Familien zücken die Handys und machen Fotos.
Ich spüre, wie mein Handy vibriert.
Eine Nachricht von Karina:
Ich habe immer Angst, dass der Pfarrer
die Kinder was Peinliches fragt.
Wer das Stroh rumgeschmissen hat oder so.
Ich unterdrücke ein Kichern.
Dann schaue ich mich um.
Ich habe Angst, dass das Krippen-Spiel
plötzlich ganz modern wird.
Mit rappenden Engeln oder so.
Wo sitzt du?

Letzte Reihe außen, schreibt Karina.
Ich drehe meinen Kopf und entdecke sie.
Meine Mutter guckt mich fragend an.

Der kleinste Hirte vergisst seinen Text.
Er fängt an zu weinen.

Zum Glück ist der Messner in der Nähe,
der übrigens aussieht wie Snoop Dogg in Weiß.
Der Junge findet zurück in seine Rolle.

Ich fand das bisher besser
als die meisten Kino-Filme, schreibt Karina.
Es wird ja noch viel spannender, tippe ich.
Bald kommt raus, dass Josef Drogen herstellt.
Und dass die Könige die Drogen
über die Grenze schmuggeln wollen.
Ich höre ein Kichern aus der letzten Reihe.

Die Engel singen ein Lied.
Dabei schreiten sie durch die ganze Kirche.
Kleine Mädchen tragen stolz große Kerzen.
Überall Blitzlicht.
Das Jesuskind wird geboren.
Maria sitzt gleich nach der Geburt
neben der Krippe.
Sie streichelt die Plastik-Puppe.
Dann kommen die Hirten mit ihren Geschenken:
Gold, Myrrhe und Weihrauch.

Ich schaue doch noch mal aufs Handy.
Was soll die Familie mit all den
sinnlosen Geschenken anfangen?
Das Baby hat nichts zum Anziehen.
Die haben nichts zu essen und keine Windeln!

Die Kinder singen immer lauter.
Sie stehen im Kreis um das Jesuskind herum.
Der kleinste Hirte darf den letzten Satz sagen.
„Und so trug es sich zu, dass ... äh ... ich weiß nicht."
Der Snoop-Dogg-Messner versucht zu helfen.
„... dass der Heiland in Bethlehem",
sagt der kleinste Hirte,
„... ich kann nicht ... mir wird schlecht ..."

Der Junge droht nach vorne zu kippen.
Seine Mutter springt aus der Bank.
Dann geht alles ganz schnell.
Eine Kerze fällt um.
Das Heu fängt Feuer.
Mit der einen Hand fängt der Messner
den Jungen auf.
Mit der anderen Hand wirft er
die kleine Krippe ins Taufbecken.
Die Flammen erlöschen zischend.
Im Wasser treiben angesengtes Holz
und ein paar Halme vom Heu.
Und dazwischen das Jesuskind,
das jetzt ein Klumpen aus Plastik ist.

Langsam fängt jemand an zu klatschen.
Es ist der Vater des kleinen Hirten.
Immer mehr Leute stehen auf und klatschen.
Dann kommen Jubeln und Pfeifen dazu.

Als ob wir gerade erfolgreich
mit dem Flugzeug gelandet sind.
Ich klatsche mit.

Nicht schlecht, steht auf meinem Handy.
Guter Effekt, mit dem Feuer.
Bin gespannt, wie sie das nächstes Jahr
machen wollen.
Ob dann wohl immer noch
so viele Leute zuschauen werden?
Die wollen doch bestimmt alle
noch ein größeres Spektakel!

Weihnachten letztes Jahr

Ich denke an letztes Jahr.
An den Streit mit Fine.
Über mein Geschenk für Niklas.
Und über meine Arbeit.
Darüber, dass ich zu wenig im Haushalt mache …
„Ich will, dass du endlich mal alles hinbekommst.
Ohne meine Hilfe."
„Du wolltest doch nach Berlin", sagte ich.
„Das war für dich die richtige Entscheidung.
Aber für uns …"

Fine stand am Fenster
meines alten Zimmers.
Mit dem Rücken zu mir.
Dann kam Niklas rein
und wollte uns zum Essen holen.
„Ja, wir sind gleich da", antwortete Fine.
In Ihrer Stimme hörte man
ihre Wut und Erschöpfung.
„Alles okay?", fragte Niklas.
„Bisschen Streit", antwortete ich.

Das Abendessen verlief dann
einigermaßen gemütlich.
Die Würstchen schmeckten wieder köstlich.
Gegen elf gingen wir ins Bett.

Fines Stimme klang irgendwie leer.
Ich wollte ihr eine Haar-Strähne
aus dem Gesicht streichen.
Da zuckte sie leicht zusammen.
Wie von einem Stromschlag.

Wir wünschten uns eine gute Nacht
und schliefen ein.
Mitten in der Nacht schreckte ich hoch.
Fine lag nicht mehr neben mir.
Das wunderte mich nicht.
Sie konnte bei meinen Eltern
nie richtig gut schlafen.
Oft schlief sie auf der Couch weiter.

Leise öffnete ich die Zimmertür.
Ich wollte mir noch etwas zu trinken holen.
Ich schlich durch den Gang,
um niemanden zu wecken.
Aus dem Zimmer meines Bruders
hörte ich leise Stimmen.
Niklas und Fine.
Das war ja an sich nichts Schlimmes.
Aber nachts? Alleine im Zimmer von Niklas?
Durchs Schlüsselloch konnte ich nichts sehen.
Also presste ich mein Ohr an die Tür.
„Wir müssen echt öfter herkommen“,
sagte Fine.

„Du kriegst das öfter hin, oder?“
Dann mein Bruder:
„Von Berlin aus habt ihr es ja ganz schön weit.
Ich brauche nur 50 Minuten mit dem Auto.“

„Ein Auto fehlt mir auch“, sagte Fine.
„Einfach mal rausfahren.“
Und dann wieder Niklas:
„Basti hat immer noch keinen Führerschein, oder?“
Fine lachte.
„Nein, das ist meinem Freund zu viel.
Da muss man sich ja anmelden.
Und für die Prüfung lernen.
Und, und, und …“

Ich weiß noch, dass ich schlucken musste.
Wollte ich das eigentlich hören?
„Basti muss mehr unter Leute“, sagte Fine.
„Ich nehme ihn ja manchmal mit.
Aber er will nicht nur das Anhängsel sein.“
Sie plauderten weiter,
über die Arbeit meines Bruders.
Und über Berlin.

Zwischendurch lachten sie immer wieder.
„Irgendwie habe ich das Gefühl,
mir wird das alles zu … wenig.
Verstehst du?“, sagte Fine irgendwann.

Danach hatte sie sich wohl anders hingesetzt.
Jedenfalls konnte ich sie nicht mehr
richtig verstehen.
Nur noch Gemurmel.

Ich presste mein Ohr noch kräftiger
gegen die Tür.
„Iiihhmmm uuhmmm aahmm eeehmm ummm
Moimmemme“, verstand ich.
„Ich muss mal eben zur Toilette“,
hieß das.

Aber das wurde mir erst klar,
als Fine die Tür öffnete
und ich ins Zimmer stolperte.

Das Wiedersehen

Begrüßungen stressen mich.
Soll ich die Hand geben?
Ein High Five?
Ein Küsschen?
Vor allem unerwartete Begrüßungen
sind der Horror.
Ich fühle mich dann echt überfordert.
Was, wenn ich die Begrüßung versaue?
Und wenn mein Gegenüber dann
die ganze Zeit dran denkt?

Überforderung.
Die trifft mich, als ich Fine wiedersehe.
Nach einem Jahr ohne Kontakt.
Da steht sie im Flur, Arm in Arm mit meinem Bruder.
„Hallo, Basti“, sagt sie
und löst sich langsam von Niklas.
Sie macht einen vorsichtigen Schritt auf mich zu.
Dann umarmt sie mich kurz.

„Hi“, sage ich.
Meine Stimme klingt ein bisschen komisch.
„Freut mich, dich zu sehen.“
Sie benutzt noch dasselbe Shampoo.
Honig-Vanille.
Es riecht wie Sommerregen auf warmer Straße.

Wie frisch gemähtes Gras.
Fine fühlt sich warm an.
Bestimmt hatten sie die Sitzheizung im Auto an.
Wärme ist gut für ihren Rücken.

„Gut siehst du aus", sagt Fine.
Wir waren jetzt alleine im Flur.
„Ja, danke", erwidere ich.
„Mir geht es auch ganz okay."

Das ist es also.
Das Gespräch, das ich so oft
in meinem Kopf durchgegangen bin.
In dem ich Fine angeschrien habe.
Beleidigt und angebettelt habe.

Das ist das erste Treffen
seit der Sache an der Zimmertür von Niklas.
Danach hatten wir uns lange gestritten.
Fine war zu einer Freundin gegangen.
Sie wollte Abstand bekommen.
Und einen „klaren Blick".

Es ist unser erstes Gespräch seit letztem Silvester.
Damals hatte sie mich heulend
von dieser Freundin aus angerufen.
Sie würde in den nächsten Wochen
ihre Sachen holen, hatte sie gesagt.

Und ich sage jetzt, dass es mir ganz okay geht?
„Danke, dass du dich in Berlin
um die Wohnung gekümmert hast“, sagt Fine.
„Mit dem Vermieter und so.“

Ist das echt das Erste, was sie anspricht?
„Passt schon“, antworte ich.
„Tut mir leid, dass ich so abgetaucht bin“, sagt Fine.
„Aber ich wusste nicht, wie wir beide sonst
rausgekommen wären.“

„Hast du dir mal überlegt, dass ich vielleicht
gar nicht rauswollte?“, frage ich.
„Du hast das einfach so entschieden.“
„Wir waren so festgefahren“, antwortet Fine.
„Das weißt du doch auch.“
„Ach, und da hast du uns beiden
einen Gefallen getan?“, frage ich.
„Ach Basti, hör auf.
Ich freu mich jetzt wirklich auf die Zeit hier“,
sagt Fine und wirft ihre Jacke auf die Treppe.

Das war alles?
Ich kriege es nicht fertig, zu sagen:
„Du lässt mich einfach alleine
und vögelst jetzt mit meinem Bruder?“
Oder: „Dein Scheiß-Job war dir wichtiger
als alles andere?“

Nichts.
Ich halte einfach den Mund.

Mein Bruder kommt auf mich zu,
um mich zu umarmen.
Ich donnere ihm meine Faust aufs linke Auge.

Die Bescherung

„Gut, dass ich Steaks gekauft habe",
sagt meine Mutter.
„Obwohl es die ja eigentlich nachher
zum Abendessen geben sollte.
Aber na ja. Wenn es hilft ..."
Sie hält Niklas das rohe Fleisch hin.

„Danke, Mama", sagt er.
„Hast du vielleicht gefrorene Erbsen?"
„Ente könnte ich dir anbieten", sagt sie.
„Ich mach schon", sage ich
und stecke ein paar Eiswürfel in eine Tüte.

„Danke", sagt Niklas.
„Ist was gebrochen?", frage ich.
Mir ist die Sache unangenehm.
Aber irgendwie hat es mir auch gutgetan.
„Nee, nichts gebrochen",
antwortet mein Bruder.
„So stark bist du jetzt auch nicht, Brüderchen."
„Soll ich noch mal probieren?", frage ich.
„Andere Seite?"

Niklas grinst.
„Gut, dass wir uns mal ausgesprochen haben.
Oder?"

„Vielleicht geht das beim nächsten Mal
auch anders“, mischt sich mein Vater ein.
„Wie bei gebildeten Erwachsenen.“

Fine kommt wieder ins Zimmer.
Sie war nach dem Vorfall nach oben gegangen.
„Benehmt ihr euch wieder?“, fragt sie.
Sie schaut erst mich ganz streng an.
Dann sieht sie Niklas liebevoll an.
„Ist es sehr schlimm?“, fragt sie mitleidig.
„Ist auszuhalten“, antwortet er.
Fine streichelt seinen Kopf.
Dabei blitzt sie mich mit wütenden Augen an.

Meine Eltern haben es endlich geschafft,
ein Laken vor die Tür zu hängen.
So wie jedes Jahr.
Damit keiner das Christkind sehen kann,
wenn es die Geschenke hinlegt.
Meine Mutter läuft durchs Haus,
um alle Geschenke einzusammeln.
Wir hören, wie sie die Pakete
im Wohnzimmer stapelt.
Danach kommt das Klicken der Steckdose
mit der Lichterkette.

Und dann ... Musik.
Meine Mutter flucht.

Der falsche Sender.
Das Radio wird ausgeschaltet.
Jetzt sucht sie die CD mit den Weihnachtsliedern.
„Stille Nacht, heilige Nacht“,
tönt es endlich aus den Lautsprechern.
Meine Mutter niest.
„Gesundheit“, murmeln wir alle.
„Danke“, sagt sie mit verstellter Stimme.
Schließlich ist sie das Christkind.

Vorhänge zu.
Lampen aus.
Dann läutet das Glöckchen.
Das ist das Zeichen.
Wir treten ein.
Es riecht nach Nadelwald und Nelken.
Das Licht der Lämpchen spiegelt sich
in den Christbaum-Kugeln.
Das Lametta funkelt.

„O Tannenbaum, o Tannenbaum“, singen wir.
Wie jedes Jahr.
Danach wünschen wir uns frohe Weihnachten.
Meine Eltern umarmen sich.
Fine und Niklas auch.
Ich stehe daneben.
Dann wird gewechselt.
Immer einer muss aussetzen.

Als mein Bruder und ich dran sind,
fragt er verdutzt:
„Ist das She-Ra in unserer Krippe?“
Ich nicke.
Er wuschelt mir durch die Haare.
Dann kommt der letzte Wechsel.
Fine steht neben mir.
„Frohe Weihnachten“, sagt sie.
Wir umarmen uns flüchtig.
Ihre Haare kitzeln mich im Gesicht.

Reihum packen wir die Geschenke aus.
Fine bekommt von meinen Eltern
einen Gutschein
für einen Wellness-Tag.
Von Niklas hat sie Ohrringe bekommen.
Und Fine hat Niklas zwei Flaschen
teuren Wein geschenkt.

Meine Mutter versucht,
das Papier nicht einzureißen.
Sie zieht Sternchen und Schleifen ab
und faltet das Papier zusammen.
Fürs nächste Jahr.
Von meinem Vater bekommt sie Kleidung.
Er bekommt von ihr einen Kalender.
Außerdem zwei sehr bunte Krawatten
und einen Gürtel.

Dann bin ich dran.
Jetzt darf ich die Geschenke auspacken,
die ich selber gekauft habe.
„Danke, liebes Christkind“, sage ich.
Ich halte die Linse für meine Kamera hoch.
Danach den Pullover,
die Powerbank und die Sneaker.

„Weiß das Christkind schon,
was es dir überweisen muss?“, fragt mein Vater.
„Das machen Basti und ich später“,
antwortet meine Mutter.

Niklas freut sich über Geld für den Urlaub.
Meine Eltern kriegen von Fine und Niklas
Stöcke und Stirn-Lampen.
Fürs Nordic Walking.
Die Lampen setzen sie gleich auf.
Sie sehen aus, als ob sie sich
in einer Höhle verlaufen haben.

„Hier, kleiner Bruder“, sagt Niklas.
Er reicht mir einen flachen Karton,
in Glanzpapier eingewickelt.
Ich reiße das Papier und die Pappe runter.
Zum Vorschein kommt eine Mappe.
Unterlagen zur Führerschein-Prüfung steht da.
In Fines ordentlicher Handschrift geschrieben.

„Ihr seid ja verrückt", stammle ich
und lächle gequält.
„Wir haben alles vorbereitet", erklärt Fine.
„Du brauchst nur noch zu unterschreiben.
Die Fahrschule ist bei dir um die Ecke.
Am Telefon waren die total nett."

„Das ist ja super!", ruft meine Mutter
und klatscht übertrieben.
„Also den Führerschein muss er schon
selber zahlen", sagt Niklas.
„Aber das blöde Ausfüllen ...
das haben wir schon erledigt.
Und ein kleiner Zuschuss ist auch dabei."
Zwei 50-Euro-Scheine fallen in meinen Schoß.

„Danke", sage ich. „Da habt ihr euch ja
richtig Gedanken gemacht."
Ich tue so, als ob ich mich freue.
Jetzt muss ich mir Ausreden einfallen lassen,
warum ich den Führerschein
trotzdem nicht mache.

„Wirklich nett", sage ich.
„Ich habe auch was für euch."
Ich schiebe Fine eine Tüte hin.
Sie guckt mich ungläubig an
und zieht eine Box raus.

„Die schönsten Heimat-Filme“, liest sie.
„Das ist ja lieb.
Danke, Bastian.
Ehrlich.“
Sehe ich Zuneigung in ihrem Blick?
Oder Schmerz?
Bereut sie in diesem Moment
doch ihre Trennung von mir?
Bestimmt bilde ich mir das nur ein.

„Und das ist für dich, Niklas“,
sage ich und zeige auf einen großen Karton.
Er reißt Klebeband und Papier ab.
„Kinderbücher? Puzzle?“, fragt er erfreut.
„Ja. Für die Kinder in deiner Praxis“, erkläre ich.
„Und ein bisschen Spielzeug ist auch drin.“

„Wow!“, sagt Niklas.
„Ist das alles neu?
Oder gebraucht?“
„Neu“, antworte ich.
„Reicht doch, wenn du einmal
was gebraucht übernommen hast.“
Fine guckt mich giftig an.
Dann muss sie aber doch grinsen.

Niklas freut sich wirklich.
Wir umarmen uns.

Mein Vater macht ein Foto.
Darauf sieht alles perfekt aus.

Und das blaue Auge von Niklas
sieht man auch kaum darauf.

Kilo 5

„Sollen wir dann zu Ostern kommen?“,
fragt meine Mutter.
Wir sind noch beim Essen.
Aber sie freut sich über mein Geschenk:
ein Gutschein für ein Hotel in Köln.
Ich nehme mir noch zwei Würstchen aus dem Topf.
Nummer vier und fünf.
„Können wir machen“, sage ich mit vollem Mund.

„Will noch jemand was essen?“, fragt meine Mutter.
„Ist noch genug da!“
Niklas klatscht sich auf den prallen Bauch.
„Ich kann nicht mehr, danke.
Sollen wir jetzt Opa und Lisbet anrufen?“

Opa Georg ist der Vater meiner Mutter.
Mehr Großeltern haben wir nicht mehr.
Lisbet ist seine Lebens-Gefährtin.
Sie ist zehn Jahre jünger.

Bis vor ein paar Jahren haben sie
Heiligabend mit uns gefeiert.
210 Kilometer vom Tegernsee hierher.
Mit Opas riesigem Mercedes
aus den siebziger Jahren.
Klorolle mit gehäkeltem Überzieher auf der Ablage.

75 Kilometer in der Stunde.
Und immer auf der mittleren Spur.

Doch jetzt hat Opa Georg
keinen Führerschein mehr.
Er hatte erst in einem Springbrunnen geparkt.
Danach hatte er eine Politesse angefahren.
„Aus Versehen und auch nur ganz leicht."
Lisbet hat keinen Führerschein.
Sie hatte auch nie einen.

Seitdem kommen sie immer seltener
aus dem Haus.
Opa vergisst auch immer mehr.
Er bringt alles durcheinander.
Und auch körperlich hat er abgebaut.

Mein Vater öffnet die Skype-App auf seinem Handy.
Lisbet hat ein Smartphone
von ihrer Tochter bekommen.
Eins, das man ganz leicht bedienen kann.
So haben sie wenigstens noch
ein bisschen Kontakt zur Familie.

Auf dem Handy erscheint Lisbets liebes Gesicht.
Sie sieht hübsch aus.
Haare im Dutt, Perlenkette um den Hals.
Wir wünschen uns gegenseitig frohe Weihnachten.

„Habt ihr schon gegessen?“, fragt sie.
„Mit den Würstchen sind wir fertig“,
antwortet mein Vater.
„Nur Basti kämpft noch mit dem fünften.“

Lisbet reicht das Telefon weiter an Opa Georg.
Es raschelt.
Das Bild wackelt und wird dunkel.
Dann sehen wir die Zimmerdecke.
„Georg“, sagt Lisbet.
„Hier! Brigitte und Walter sind am Telefon.“

Wieder raschelt es.
„WAS?“, brüllt mein Opa.
„TELEFON!“, antwortet Lisbet.
„Hast du dein Hörgerät wieder vergessen?
Auf dem Klo? Warte!“

Lisbet läuft aus dem Zimmer.
Das Handy liegt jetzt bei meinem Opa
auf dem Schoß.
„Was ist denn das für ein hässliches Foto?“,
fragt er, als er auf den Bildschirm guckt.
„Wir sind kein Foto“, sagt meine Mutter.
„Papa, ich bin das! Brigitte!
Frohe Weihnachten!“
„Hallo?“, fragt mein Opa.
Er weiß wohl noch immer nicht,

was er mit dem Ding anfangen soll.
Lisbet steckt ihm das Hörgerät ins Ohr.
„TELEFON!", ruft sie erneut.

Mein Opa scheint sie jetzt zu verstehen.
„Sag das doch gleich!"
Er nimmt das Handy und hält es ans Ohr.
Die Kamera ist echt gut.
Wir sehen Ohrenschmalz,
Haare und trockene Haut.
Bilder, die wir nie mehr vergessen werden.
Fine dreht sich weg.
Mein Vater übergibt sich fast.

„Hier musst du reinsprechen!", sagt Lisbet.
Kurz haben wir Angst, dass wir auch
seine Nase von innen sehen werden.
„Schau mal", erklärt Lisbet.
„Brigitte, Walter, Fine, Niklas und Basti.
In Schwarzendorf!"
„Und wo sind wir?", fragt mein Opa.
„Zu Hause", antwortet Lisbet.
„Was?", fragt mein Opa.
„ZU HAUSE!"
Lisbet fummelt an Opas Hörgerät herum.

„Ich weiß schon, wo wir sind", sagt mein Opa.
„Hast du heimlich was getrunken?"

Lisbet schüttelt den Kopf.
„Bringst du mir auch was?“, fragt mein Opa.
Lisbet klopft ihm liebevoll auf die Hand.
„Später“, sagt sie.
Dann guckt sie in die Kamera.
„Frohe Weihnachten wünschen wir euch!“

„Wem wünschen wir das?“, will mein Opa wissen.
„Brigitte und Walter“, antwortet Lisbet.
„Die könnten ja auch mal anrufen“,
meckert mein Opa.
„Schließlich ist Weihnachten!“

Dann endlich versteht er,
wer da auf dem Handy zu sehen ist.
„Mensch! Frohe Weihnachten!“, sagt er.

„Bastian? Wann fragst du denn deine Fine,
ob sie dich heiraten will?“, erkundigt sich Lisbet.
Die beiden wissen noch nicht,
dass Fine jetzt mit Niklas zusammen ist.
Meine Mutter lenkt alle schnell ab.
„Papa? Du weißt ja:
Alkohol und Medikamente vertragen sich nicht!
Nimmst du die Tabletten auch immer schön?“

„WAS?“, brüllt mein Opa,
als ob er sie nicht versteht.

Er zwinkert Lisbet zu.
„Papa“, ermahnt ihn meine Mutter.
„Wir können dich sehen.“
Mein Opa schaut sich um.
Dann lässt er seinen Kopf nach hinten fallen.
Er fängt an zu schnarchen.
Guter Trick.

„Wir haben alles im Griff“, sagt Lisbet beruhigend.
Wir verabschieden uns.
„Wenn ich jemals so werde wie Opa,
bringt mich bitte ins Heim“, sagt meine Mutter.
„Nachtisch?“

Kurz darauf stehen fünf volle Schälchen
auf dem Tisch.
Schoko-Creme. Mit Sahne obendrauf.
Meine Mutter hat auch Sekt mitgebracht.
„Das ist so ein schöner Abend.
Lasst uns anstoßen.“
„Für mich nichts, danke“, sagt Fine.
„Aber eins geht doch?“, besteht meine Mutter
auf ihrem Vorschlag.
Aber Fine will heute nicht.

Wir stoßen alle an.
Außer Fine.
Ihr Glas trinke ich auch aus.

Ich nicke meinem Bruder zu.
„Schon okay“, sage ich.
Und ich meine es so.

Ich beneide ihn nicht.
Er muss Lisbet und Opa Georg schließlich
nächstes Mal alles erklären.

Kilo 6

Der Gurt drückt in meinen Magen.
Wir sind auf dem Weg
zu Tante Anne und Onkel Wolfgang.
Mein Vater sitzt am Steuer, meine Mutter daneben.
Und ich hinten.

Unsere Handys vibrieren.
Eine neue Nachricht in der
Familien-WhatsApp-Gruppe.
Meine Tante schickt ein Bild,
in dem eine Ente die andere fragt:
„Glaubt du an ein Leben nach Weihnachten?“
Meine Mutter lacht und klatscht
meinem Vater aufs Bein.
Ich schicke ein Smiley und ein Braten-Emoji.

Tante Anne kann wunderbar kochen.
Am 25. Dezember bekommen wir
das köstlichste Essen.
Besser als in jedem Restaurant.
So gut wie meine Tante kocht,
so gut isst mein Onkel.
Die beiden ergänzen sich sehr gut.

Wir sind angekommen.
Das Auto meiner Cousine parkt schon

in der Hofeinfahrt.
Wir steigen aus und klingeln.
„Basti, Basti! Mama, Basti ist da!",
ruft die siebenjährige Leonie.
Ich strecke ihr die Hand in.
Leonie kichert.
„Keine Hand?", frage ich. „Faust?"
Leonie kichert noch lauter.
Dann drückt sie ihre kleine Faust
schnell gegen meine.

Ich winke ihrer kleinen Schwester Mia zu.
Sie ist fünf.
„Frohe Weihnachten, Mia!"
Leonie taut langsam auf.
„Wir dürfen den Barbie-Film gucken,
hat Mama gesagt."
Sie versucht, in die Tüte
mit den Geschenken zu gucken.
„Bescherung gibt es nach dem Essen",
mischt sich meine Cousine Carla ein.
Sie begrüßt uns herzlich.

„Leonie, darf ich den Barbie-Film mitschauen?",
frage ich.
„Okeeee", antwortet sie nach einer Weile.
Sie ist fast mit dem Kopf
in der Geschenke-Tüte verschwunden.

Wir bekommen alle was zu trinken.
„Mal sehen, ob ich nach dem Braten
einen Schnaps brauche“,
zwinkert mein Vater mich an.
„Dann nehmen wir uns ein Taxi.“
„Jetzt aber rein in die gute Stube“,
sagt Onkel Wolfgang.
Der Tisch ist dieses Mal nicht ausgezogen.
Niklas und Fine sind ja nicht dabei.
Und auch Youssef fehlt.
Er ist Carlas Noch-Ehemann.

Wir bekommen jeder zwei Knödel,
so groß wie Bowlingbälle.
Dazu eine gesamte Entenfamilie.
„Bist du bald fertig?“, will Leonie wissen.
Sie nimmt einen großen Schluck Limo.
„Ich habe doch gerade erst angefangen“,
erwidere ich. „Warum?“
„Na, wegen dem Fi-hilm!“
Leonie haut sich mit der Hand gegen die Stirn.
„Ach so“, antworte ich. „Ich beeile mich, gut?“

Nach dem dritten Knödel
spüre ich mein Gesicht nicht mehr.

„Habt ihr noch was von dem Pflaumen-Schnaps?“,
frage ich.

Onkel Wolfgang liegt inzwischen
auf dem Teppich im Wohnzimmer.
Wie ein Walross auf einer Eis-Scholle.
Er und die Mädchen spielen mit Barbies.
„Dritter Schrank von rechts“, ruft er.
Mein Vater nickt mit letzter Kraft.

Auch Carla, Anne und meine Mutter
wollen einen Schnaps.
Für die Verdauung.
„Leonie, Mia? Ihr wollt auch Schnaps, oder?“,
rufe ich den Mädchen zu.
„Hä? Das ist doch nichts für Kinder!“
rufen sie belustigt.
Als ob sie denken:
Wie kann Basti so dumm sein?
Wir erheben die Gläser und prosten.

Der Barbie-Film

„Magst du kurz mit raus?“, fragt meine Cousine.
Sie hat Zigaretten in der Hand und prüft,
ob ihre Töchter sie nicht sehen.
Draußen ist es eisig. Minus fünf Grad.
Wolken steigen aus unseren Nasen.

„Du rauchst immer noch nicht, oder?“, fragt Carla.
„Nein“, antworte ich.
„Obwohl das nach so einem Essen
nicht schlecht wäre.“
„Es ist nie zu spät, noch anzufangen“,
erwidert Carla.
Sie zieht an ihrer Zigarette.
Die Glut knistert in der Kälte.

„Wie geht es dir denn so?“, fragt sie.
„Ist bestimmt nicht einfach, oder?“
„Na ja, geht“, lache ich etwas zu bitter.
„Schön, mal wieder in der Heimat zu sein.“
„Und die Geschichte mit Niklas und Fine?“, fragt sie.
„Fühlt sich komisch an. Ziemlich unwirklich“,
antworte ich.

„Habt ihr euch aussprechen können?“,
will Carla wissen.
„Mehr oder weniger“, antworte ich.

„Als Mama das erzählte, dachte ich:
Ich bin im falschen Film!“, sagt Carla.
„Mit Youssef und mir läuft es ganz okay.
Die Scheidung läuft ohne große Probleme.
Aber jetzt geht es um die Wohnung:
Wer bleibt drin, wer zieht aus …“

Sie zündet die nächste Zigarette an.
„Man weiß nie, wie alles ausgehen wird.
Das mit Youssef und mir …
Probleme gab es schon länger.
Aber weißt du, man muss immer
ehrlich zu sich selber sein.
Dann gibt es keine falschen Entscheidungen.“

Carla schnippt die Zigarette auf die Straße.
Wir gehen zurück ins Haus.

In der Küche stehen Leonie und Mia.
Sie starren in die Mikrowelle.
„Ist das der neue Barbie-Film?“, frage ich.
„Das ist doch kein Fernseher“,
sagt Leonie langsam.
„Das ist Popcorn.“
„Wie im Kino“, sagt Mia.
„Muss die Tüte pupsen?“, frage ich.
Die beiden Mädchen lachen laut.
Pups-Witze gehen immer.

Dann ist das Popcorn fertig.
Wir machen es uns auf der Couch gemütlich.
Barbie reitet auf einem Einhorn.
Nach ein paar Minuten muss Mia aufs Klo.
„Wie findest du Barbies Kleid?“, frage ich Leonie.
„Ganz schön“, antwortet sie.
„Das will ich, wenn ich später heirate.“
„Wen willst du denn heiraten?“,
möchte ich wissen.
„Den Lukas aus der 2b“, antwortet Leonie.
„Darf ich zur Hochzeit kommen?“, frage ich.
„Okeeee“, sagt Leonie.

Kurz sagen wir beide nichts.
Wir schauen uns im Wohnzimmer um.
Am Baum hängen Stroh-Sterne.
Und Holz-Engel.
Und kleine Geschenke mit roten Schleifen.
Einfacher als bei meinen Eltern.
„Wen heiratest du denn mal?“,
fragt Leonie auf einmal.
„Ich habe jetzt nichts geplant“, antworte ich.
„Aber wenn es so weit ist,
lade ich dich als Erste ein.“

„Hast du denn keine Freundin, Basti?“,
erkundigt sich Leonie.
„Im Moment nicht“, antworte ich.

„Vielleicht kannst du meine Mama heiraten“,
schlägt Leonie vor.
Ich verschlucke mich an meinem Bier.
„Deine Mama ist ganz toll“, erkläre ich.
„Aber sie ist meine Cousine.
Die kann ich nicht heiraten.“
„Okeee“, antwortet Leonie.
Die Erklärung ist wohl genug für sie.

Dann sagt sie:
„Der Papa wohnt nicht mehr bei uns.“
Ich muss schlucken.
„Ich weiß.“
Ich streichele ihr über den Kopf.
„Aber ich weiß auch,
dass deine Eltern dich beide sehr liebhaben.“
Wieder schweigen wir eine Weile.

Dann frage ich:
„Meinst du, Mia ist ins Klo gefallen?“
Leonie lacht und spuckt Popcorn durchs Zimmer.
In dem Moment kommt Mia ins Zimmer.
„Na, dann kann es ja weitergehen“,
sage ich und mache den Film wieder an.

Mein Handy vibriert.
Karina schreibt: *Frohe Weihnachten!*
Was machst du denn so?

Frohe Weihnachten!, schreibe ich zurück.
Ich gucke einen Barbie-Film. Und du?

Meine Verwandten reden über Politik,
schreibt Karina.
Ich tue so, als ob ich sehr beschäftigt bin.
Dann brauche ich nicht mitzureden.

Ich schicke Karina ein Foto vom Heiligabend.
1. Ist das She-Ra in eurer Krippe?, fragt sie.
2. Hat dein Bruder ein blaues Auge?
3. Haben deine Eltern
Gruben-Lampen auf der Stirn?

Ich antworte:
1. ja, 2. ja und 3. so ungefähr.
Barbie verbindet gerade das Bein eines Pferdes,
das in eine Bärenfalle getreten ist.

Wieder kommt eine Nachricht:
Wie steht es mit unserem Plan,
gemeinsam Silvester zu feiern?

Kilo 7

„Willst du wirklich nichts mehr, Basti?"
Meine Mutter sieht mich besorgt an.
Als würde ich sterben.

„Zum Frühstück hast du auch
so wenig gegessen."
„Wirklich, Mama", erwidere ich.
„Ich bin satt."
„Hat es dir nicht geschmeckt?",
will meine Mutter wissen.
„Hätte ich doch lieber
etwas anderes machen sollen?"
„Es war lecker, Mama", sage ich.
„Ich bin einfach nur voll."

Die Suppe war wirklich gut.
Feine Kartoffelsuppe.
Mit viel Sahne und viel Pfeffer.
Perfekt am zweiten Feiertag.
Nach dem schweren Essen der letzten Tage.
Rouladen, Würstchen, Knödel …
Und dazwischen Kuchen, Kekse …
Ich habe das Gefühl, doppelt so schwer zu sein
wie vor Weihnachten.
In meinem Magen gibt es kaum noch Lücken.
Nur Flüssiges geht noch rein.

„Möchtest du Eis?“, fragt meine Mutter.
Sie öffnet den Gefrierschrank.
„Danke“, antworte ich.
„Auch nicht, nein.“
„Müssen wir nicht gleich los?“,
fragt mein Vater.
„Die Zeit rennt immer so“,
sagt meine Mutter.
„Ja, ich finde es auch schade“,
antworte ich.
„Aber in vier Monaten sehen wir
uns ja schon wieder.“

Meine Mutter nickt.
„Ich freue mich schon, Basti.
Sollen wir gleich noch schnell
ein Hotel für unseren Besuch bei dir buchen?
Ach, und ich stecke dir jetzt noch
was zu essen ein für die Fahrt.
Oder für zu Hause.
Dann hast du gleich ein Abendessen.“

Ich kann mir nicht vorstellen,
jemals wieder etwas zu essen.
Doch ich weiß:
Nachher freue ich mich.
Mein Vater kommt aus dem Arbeitszimmer.
Unter dem Arm ein uraltes Notebook.

Er hält mir das Netzteil hin.
„Hier, Bastian, steck mal rein.“
„Brauchst du das?“, frage ich.
„Hotel buchen dauert doch nur ganz kurz.“
„Der Computer startet nicht ohne Netzteil“,
sagt mein Vater.

Ich drücke auf „ON“.
Das Notebook klingt wie ein altes Auto.
Der Bildschirm flackert.
Eine Weile passiert gar nichts.
Dann sehen wir endlich was.
Unzählige Mappen.
Bis alles plötzlich blau wird.

Ich schaue meine Mutter fragend an.
Sie beugt sich nach vorne.
Mit beiden Händen stemmt sie sich
auf die Tasten.
Gleichzeitig pustet sie
in die Schlitze der Lüftung.

„Das wird schon“, sagt mein Vater.
Er lässt offen, ob er das Notebook
oder seine Frau meint.
Tatsächlich.
Das Notebook läuft wieder.
Ich suche einen Internet-Browser.

Da, unter vielen Fotos und Dokumenten versteckt.
Das sieht doch aus wie das Zeichen fürs Internet.
Die Startseite öffnet sich.
„Goggl.ru?“, frage ich.
„Was ist das denn?“
„Na Google!“, sagt meine Mutter.
„Kennst du das nicht?“
Sie guckt stolz.
Da kann sie ihrem Sohn tatsächlich
noch was über Computer beibringen.

„Mama“, erwidere ich.
„Die Seite fragt mich
nach der Nummer meiner Kreditkarte.
Und nach der Geheim-Zahl.“

Ich schließe erst mal die unzähligen Pop-ups.
Nach fünf Minuten tut mir meine Hand weh.
„Das hier sieht doch gut aus!“,
sagt meine Mutter und zeigt auf den Bildschirm.
Ich seufze.
„Das ist eine Werbung von IKEA, Mama.“
Wir finden ein Hotel ganz in der Nähe
von meiner Wohnung.

„Also, ich logge mich hier nicht ein“, sage ich.
„Ich bekomme hier ein Virus,
wenn ich nur die Tasten berühre.“

Im Hintergrund läuft das Programm *virus.exe*.
„Dann nimm halt meine E-Mail-Adresse“,
sagt meine Mutter und schüttelt den Kopf.
„Brigitte Punkt Kollinger Punkt geborene Punkt
Gruschwitz ät T minus online Punkt de.“
Ich vertippe mich ein paarmal.
Dann buche ich das Hotel.
„Mama, gibst du hier mal dein Passwort ein?“

Ich schiebe ihr das Notebook hin.
Dann höre ich, wie meine Mutter
eine einzelne Taste drückt.
„Ist dein Passwort ein Buchstabe?“, frage ich.
„Sage ich nicht“, antwortet meine Mutter.
„Vielleicht ist es ja auch eine Zahl.“

Ich kontrolliere, ob das Hotel
eine Bestätigung gemailt hat.
Im Postfach sehe ich unzählige Mails
über Sonderangebote für Xanax und Viagra.
Ich atme durch.
„Ich stelle hier jetzt einen Spam-Filter ein“,
teile ich meinen Eltern mit.

„Was hier alles in dem Postfach steckt …
Guckt mal hier.
Das hier zum Beispiel ist Phishing.“
Meine Eltern rücken näher ran.

„Ich wusste es!“, ruft meine Mutter.
„Dieser Prinz aus Afrika ist nicht echt!“

Ich schalte das Notebook aus.
Kurzes Flackern.
Dann ein blauer Bildschirm.
Ein Text erscheint.
Installiert wird Nummer 1 von 7004 Updates …

Meine Mutter klappt das Notebook einfach zu.
„Wenn ihr zu Ostern kommt,
schauen wir nach einem neuen Notebook für euch“,
sage ich.

Ich steige schwerfällig die Treppe
zu meinem alten Zimmer hoch.
Ich kenne das Knarzen der Stufen.
Nach drei Tagen Weihnachten klingt es
allerdings schwerer als sonst.

Das Bettzeug habe ich abgezogen
und ordentlich gefaltet.
Unten stelle ich meinen Koffer
und meine Geschenke-Tüte neben die Tür.
Neben die volle Tasche,
in die meine Mutter das Essen gesteckt hat.
Das Essen reicht bestimmt
für die nächsten vier Monate.

Die Zeit ist schnell vergangen.
Und die Zeit bis Ostern
wird auch wieder schnell vergehen.
Danach kommt der Sommer.
Und danach ist fast
schon wieder Weihnachten.

Wörterliste

Seite 7: Amazon.de
Versand-Händler im Internet, bei dem man viele verschiedene Dinge bestellen kann

Seite 9: Buggy
leichter Kinderwagen für Kinder, die schon sitzen können

Seite 9: Schicki-Mutter
eine Mutter, die sich sehr schick anzieht und stark schminkt

Seite 9: Prosecco
italienischer Wein mit Kohlensäure

Seite 10: Pfeffer-Spray
Spray, das in den Augen brennt und zur Verteidigung eingesetzt wird

Seite 13: Grafiker
Ein Grafiker entwirft zum Beispiel Poster, Broschüren und Anzeigen.

Seite 16: Stullen
belegte Brote, die man übereinanderklappt und so gut für unterwegs mitnehmen kann

Seite 19: Rouladen
gefüllte Rollen aus dünnem Fleisch, Fisch oder Kohlblättern

Seite 19: Erotik-Messe
Auf einer Erotik-Messe kann man sich Artikel ansehen oder kaufen, die mit Sex zu tun haben.

Seite 21: auf Speed
Speed ist eine Droge, von der man viel Energie bekommt. Jemand „auf Speed" hat diese Droge genommen. Er ist dann sehr unruhig und hat einen großen Drang, sich zu bewegen.

Seite 21: in meine Fußstapfen treten
Eine Redewendung. Sie bedeutet:
sich jemanden als Vorbild nehmen.
Oder auch: einen Betrieb übernehmen.

Seite 21: Turtles
englisch: Schildkröten. Aussprache: törtls.
Das war eine Comic-Serie in den achtziger Jahren.

Seite 24: Spätis
Kurzform von Spätverkaufs-Stelle.
Besondere Läden in einigen großen Städten.
Spätis haben lange geöffnet, zum Teil die ganze Nacht durch.

Seite 25: IT-Firma
eine Firma, die mit Computer-Technik zu tun hat

Seite 28: Likes
eine Form von Beifall bei Facebook

Seite 28: Statistik
Statistik ist eine Wissenschaft, um aus gesammelten Zahlen oder anderen Werten Informationen zu gewinnen. Zum Beispiel, wie viele Kilometer jeder Deutsche jedes Jahr mit dem Auto fährt.

Seite 32: Heimtrainer
Eine Art Fahrrad ohne Räder, auf dem man zu Hause trainieren kann.

Seite 34: Boxer-Shorts
eine besondere Art von Männer-Unterhose, ähnlich wie eine kurze Sporthose.

Seite 35: Adventskranz
Ein Kranz aus Zweigen (zum Beispiel von der Tanne) mit vier Kerzen darauf. Der Kranz wird geschmückt und in den vier Wochen vor Weihnachten aufgestellt oder aufgehängt. Das ist die Advents-Zeit. Jeden Sonntag steckt man eine weitere Kerze an. So bereitet man sich auf Weihnachten vor.

Seite 35: Fahne
Das sagt man, wenn jemand aus dem Mund nach Alkohol riecht.

Seite 38: das andere Links
Spöttischer Ausdruck, weil vor allem Linkshänder oft rechts und links verwechseln.

Seite 39: Caspar
Einer der Heiligen Drei Könige, die bei der Geburt von Jesus zur Krippe gekommen sein sollen. Caspar wird als Mann mit dunkler Haut dargestellt. Die anderen beiden hießen Melchior und Balthasar.

Seite 39: Trolle
Wesen aus Märchen

Seite 39: Killer-Würmer
Horror-Figuren; Würmer, die töten können

Seite 40: Action-Figuren
kleine Figuren aus Plastik, die aussehen wie Superhelden aus dem Kino

Seite 40 und 41: Skeletor, She-Ra, He-Man
Action-Figuren von „Masters of the Universe“. Das ist eine berühmte Action-Serie aus den achtziger Jahren.

Seite 44: Maultaschen
Taschen aus Nudelteig mit verschiedenen Füllungen. Man isst sie vor allem im Süden von Deutschland.

Seite 44: Mandel-Splitter
Kekse aus Mandel-Stiften, mit Schokolade überzogen. Man isst sie vor allem in der Weihnachts-Zeit.

Seite 44: Hirntumor
ein Geschwür im Gehirn, oft Krebs

Seite 46: Urmensch
Mensch aus der frühen Entwicklungs-Zeit der Menschheit

Seite 46: Maschinen abstellen
Hier ist gemeint: Maschinen abstellen, die jemanden am Leben halten.
Das soll ausdrücken, dass die Mutter fast wie tot gewirkt hat im Schlaf.

Seite 46: auf das Licht zugehen
Den Tod hinnehmen. Es gibt Menschen, die fast gestorben sind und doch noch gerettet wurden. Manche haben ein Licht gesehen, auf das sie zugehen wollten.

Seite 47: Snacks
kleine Zwischenmahlzeiten, Knabbereien

Seite 47: Glasur
Überzug aus Zucker oder Schokolade auf Torten

Seite 49: Krippen-Spiel
Theater-Aufführung über die Geburt von Jesus

Seite 50: Weihwasser
Wasser in einer besonderen Schale in katholischen Kirchen. Das Wasser wurde gesegnet. Gläubige beträufeln sich beim Betreten der Kirche damit.

Seite 50: Chlor
ein Mittel, das Bakterien abtötet

Seite 50: Weihrauch
Duftender Rauch. Im katholischen Gottesdienst werden in Weihrauch-Gefäßen spezielle Zutaten verbrannt, damit dieser Rauch entsteht.

Seite 50: Netzwerk
hier: Internet-Zugang ohne Kabel

Seite 52: Messner
auch: Küster oder Kirchen-Diener. Er bereitet die Kirche für den Gottesdienst vor.

Seite 52: Snoop Dogg
ein Rapper aus Amerika

Seite 52: Myrrhe
Harz von einem tropischen Baum, das auch als Heilmittel benutzt wird

Seite 59: High Five
Eine Art der Begrüßung. Dabei schlägt man seine Handflächen auf Kopfhöhe aneinander.

Seite 61: vögeln
umgangssprachlich für: Sex haben

Seite 66: Wellness-Tag
ein Tag, an dem man zum Beispiel in die Sauna geht und sich massieren lässt

Seite 67: Powerbank
eine zusätzliche Batterie, an der man sein Handy aufladen kann

Seite 67: Sneaker
anderes Wort für Turnschuhe

Seite 72: Politesse
eine Hilfs-Polizistin, die sich vor allem um Falschparker kümmert

Seite 72: Skype-App
ein Computer-Programm, mit dem man mit Video telefonieren kann. Gibt es auch für Handys.

Seite 78: Emoji
Bilder, die man für WhatsApp-Nachrichten benutzt

Seite 88: Notebook
ein tragbarer Computer, Laptop

Seite 89: Netzteil
besonderes Kabel, um ein Notebook am Strom anzuschließen

Seite89: Internet-Browser
ein Programm auf dem Computer, mit dem man ins Internet gehen kann

Seite 90: Pop-ups
kleine Extra-Fenster, die plötzlich auf dem Bildschirm des Computers erscheinen. Das sind zum Beispiel Erklärungen zu einem Text oder ein Video zu einem Bericht. Oft sind Pop-ups aber auch Werbe-Anzeigen.

Seite 91: virus.exe
Ein Virus ist ein Programm, das sich heimlich auf dem Computer verbreitet. Es kann dem Computer

schaden oder Daten zerstören. Die Endung .exe bedeutet, dass ein Programm auf den Computer geladen wird. Das Programm virus.exe lädt also einen Virus auf einen Computer.

Seite 91: Xanax
ein Medikament gegen Angst-Störungen

Seite 91: Viagra
ein Medikament für Männer, um den Penis zu stärken

Seite 91: Spam-Filter
Ein Spam-Filter erkennt, wenn eine E-Mail an ganz viele Menschen geschickt wird. Dann ist es nämlich meistens Werbung, die man nicht haben möchte.

Seite 91: Phishing
Der Versuch, an wichtige Daten eines Internet-Benutzers zu gelangen. Zum Beispiel über gefälschte E-Mails, Webseiten oder Kurznachrichten.

Seite 92: Update
Wenn es von einem Computer-Programm eine neue oder bessere Version gibt, macht man ein Update von diesem Programm. Das heißt, man lädt sich die neue Version auf den Computer.